"Земля, как спутник Солнца, не более чем маленькая точка в бесконечном пространстве, но для нас она — мать всего живого и место обитания человеческого рода. С этой точки зрения она для нас самая важная из всех небесных тел. Для исследования Земли с этой точки зрения и предназначена наука геология."

Профессор Иеуда Лео Пикард,
основатель института геологии Израиля
и института по изучению планеты Земля
при Еврейском университете в Иерусалиме.

Это планета Земля.

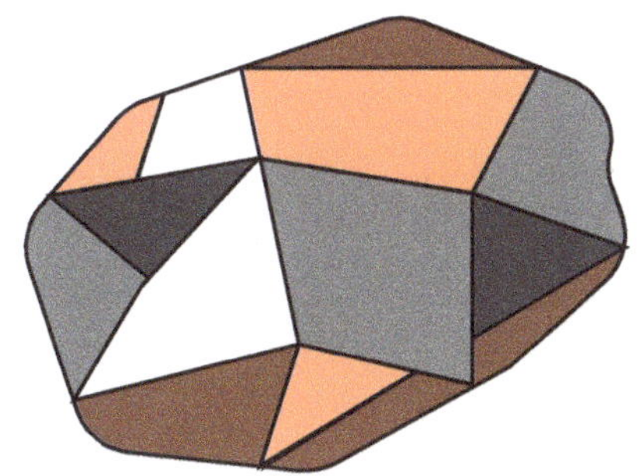

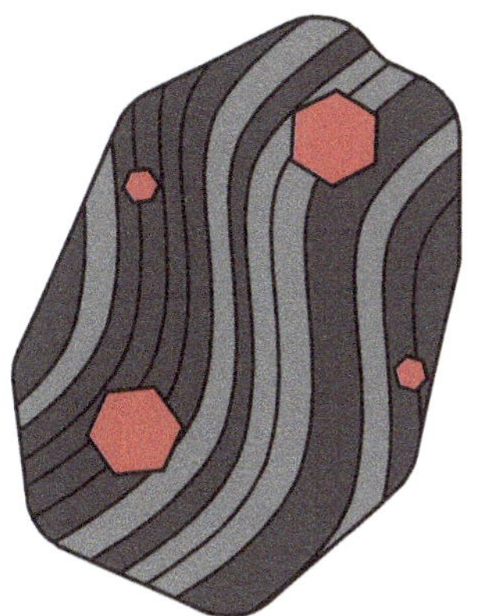

Это горные породы.

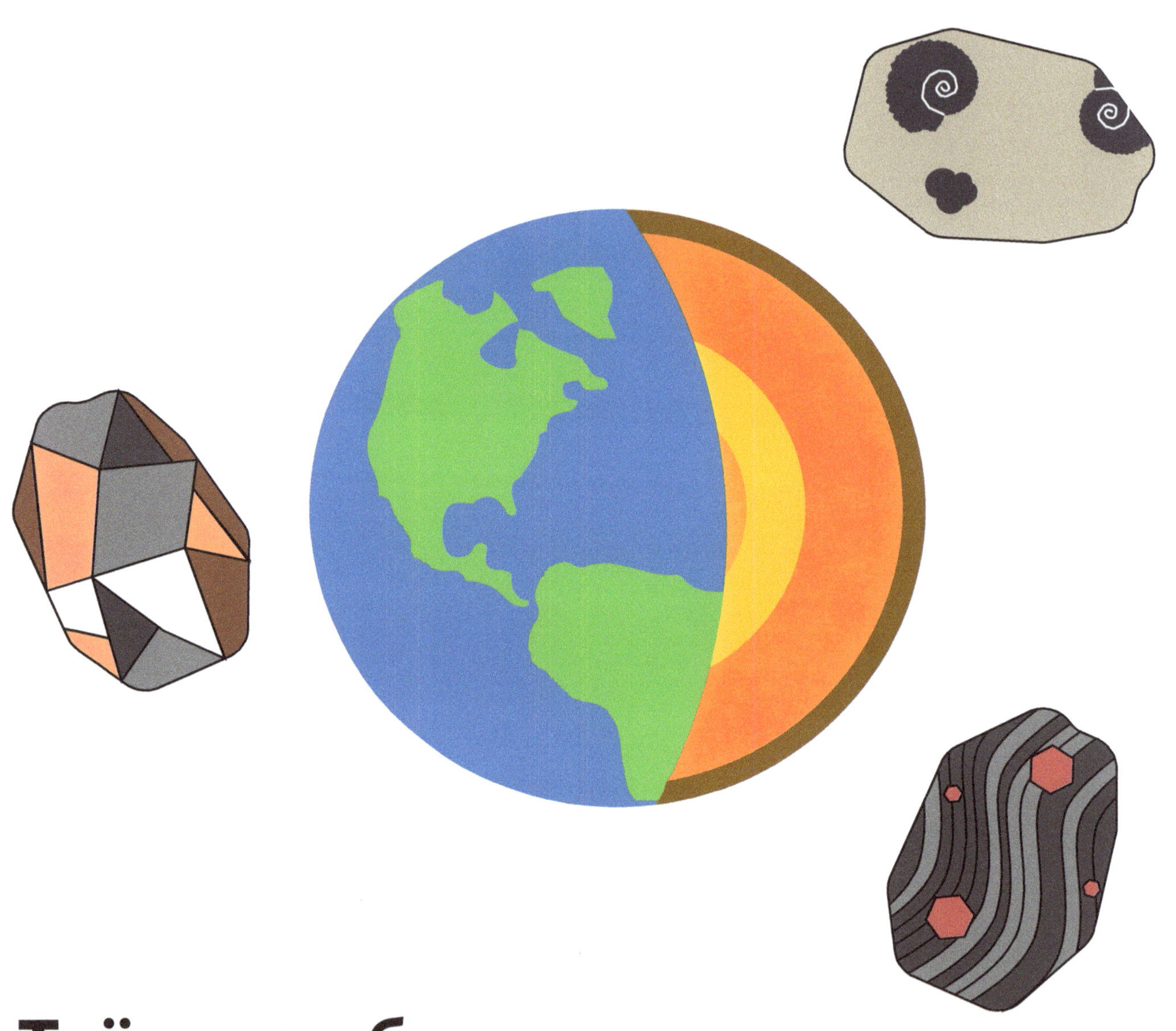

Твёрдая оболочка земного шара состоит из горных пород.

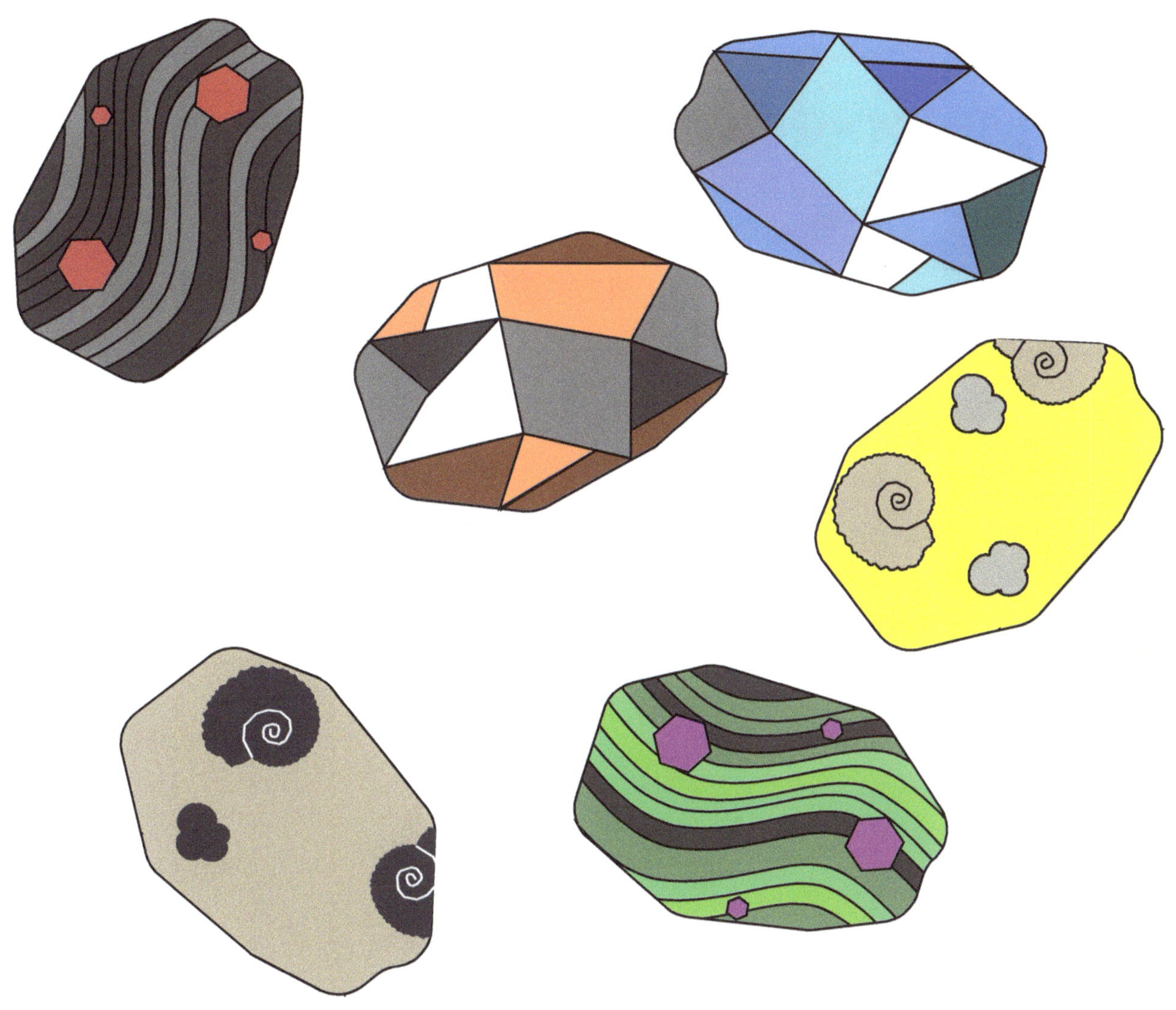

У горных пород разная окраска и структура.

магматические

осадочные

метаморфические

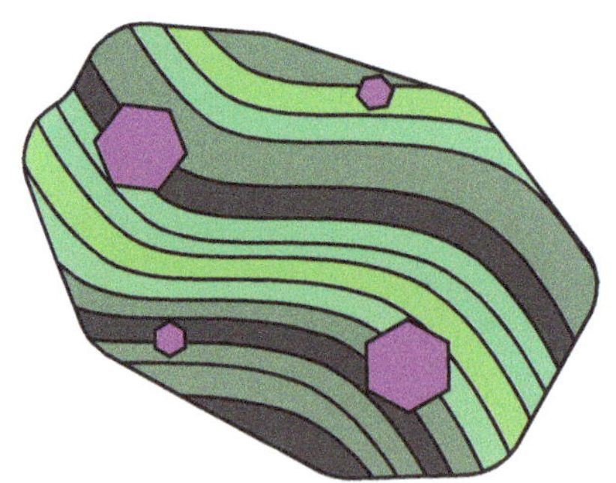

**Есть три вида горных пород:
осадочные, магматические, метаморфические.**

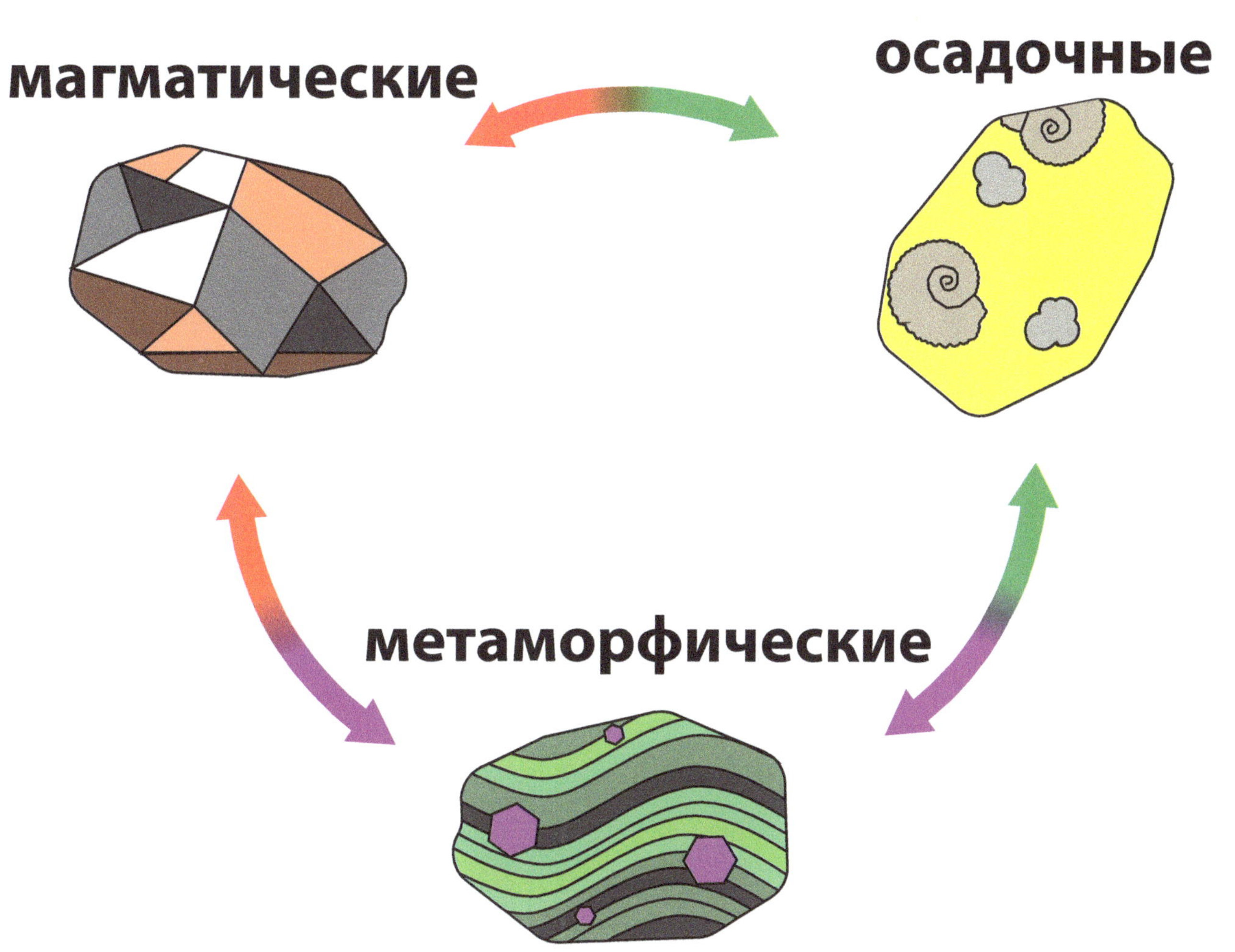

И все они участвуют в кругообороте горных пород.

Разные горные породы состоят из разных минералов.

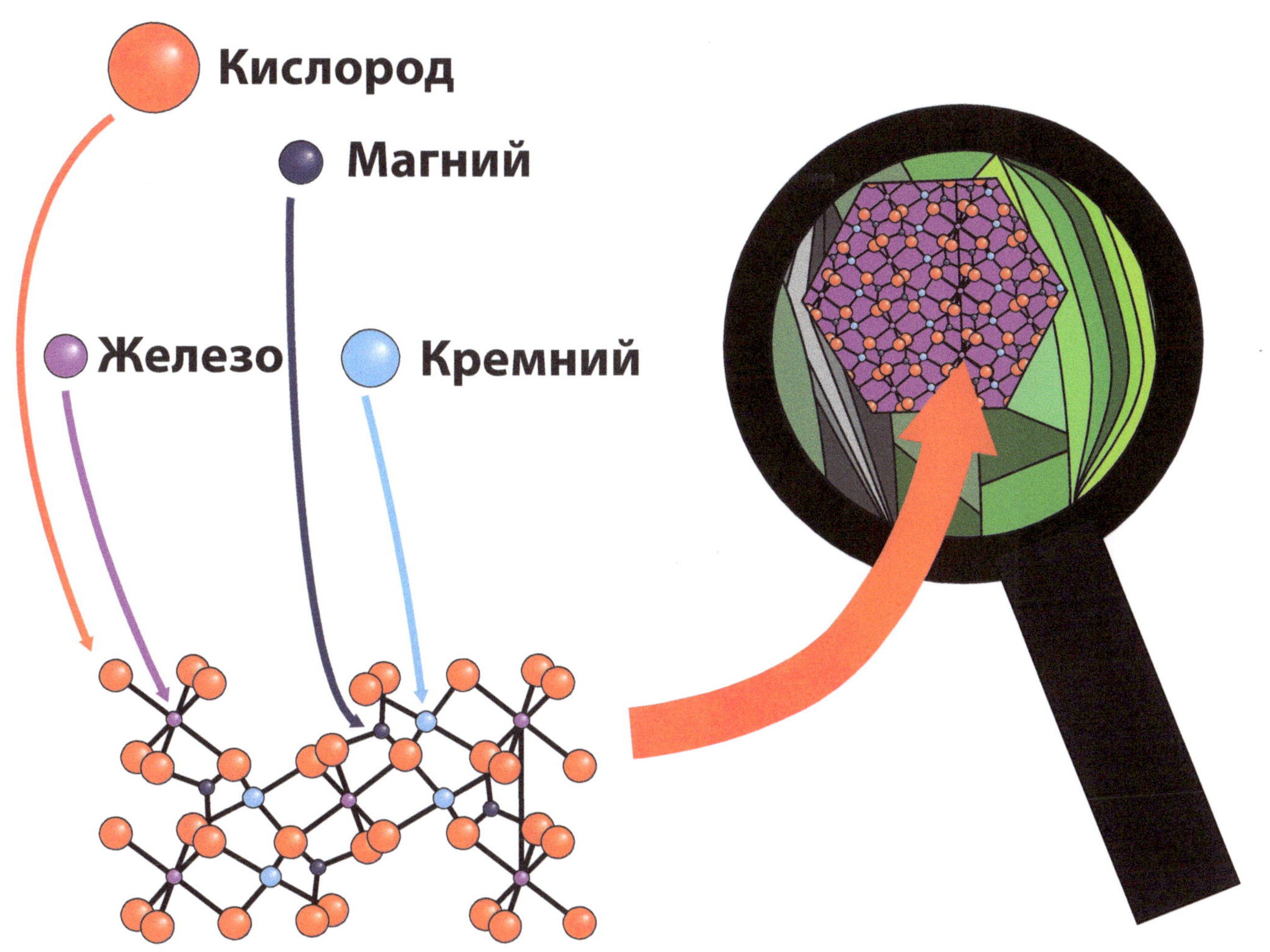

Минералы состоят из элементов.

Разные виды горных пород образуются в разной среде.

При сильном нагревании породы расплавляются.

Это магма! После извержения мы называем её лавой.

Магматические породы образуются, когда магма и лава охлаждаются

Когда лава охлаждается быстро,
выкристаллизовываются
мелкие кристаллы.

Когда магма охлаждается медленно,
образуются крупные кристаллы.

Горные породы, не защищённые от атмосферных влияний, крошатся, разрушаются и создают наносы.

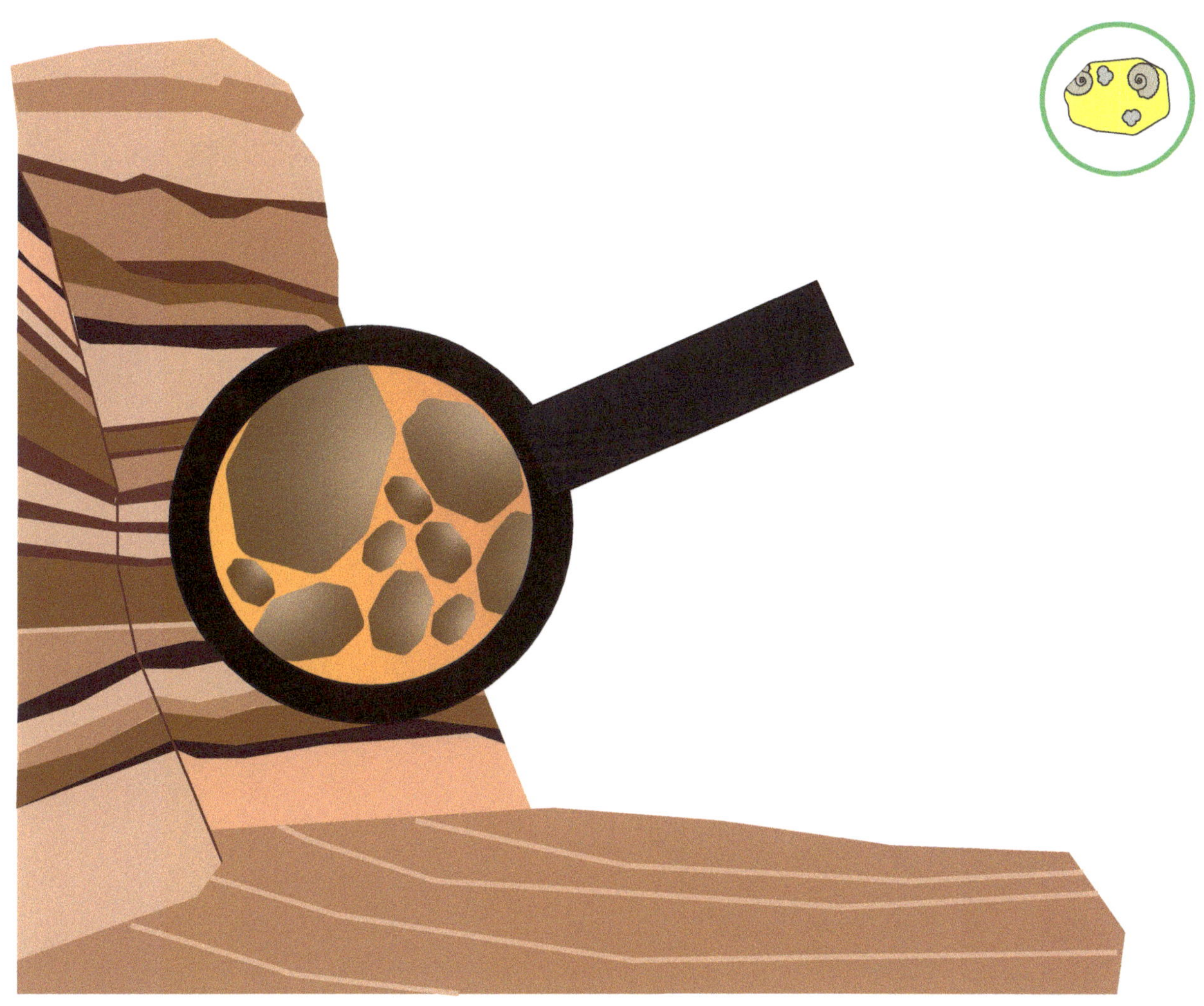

Наносы срастаются в процессе скалообразования и создают осадочные породы.

Осадочные породы зачастую содержат окаменелости.

Окаменелости-это остатки существ, прежде населявших землю.

Стегозавры

Есть крупные окаменелости!

И есть мелкие окаменелости!

Есть цветные
осадочные породы.

**Другие серые,
чёрные и белые.**

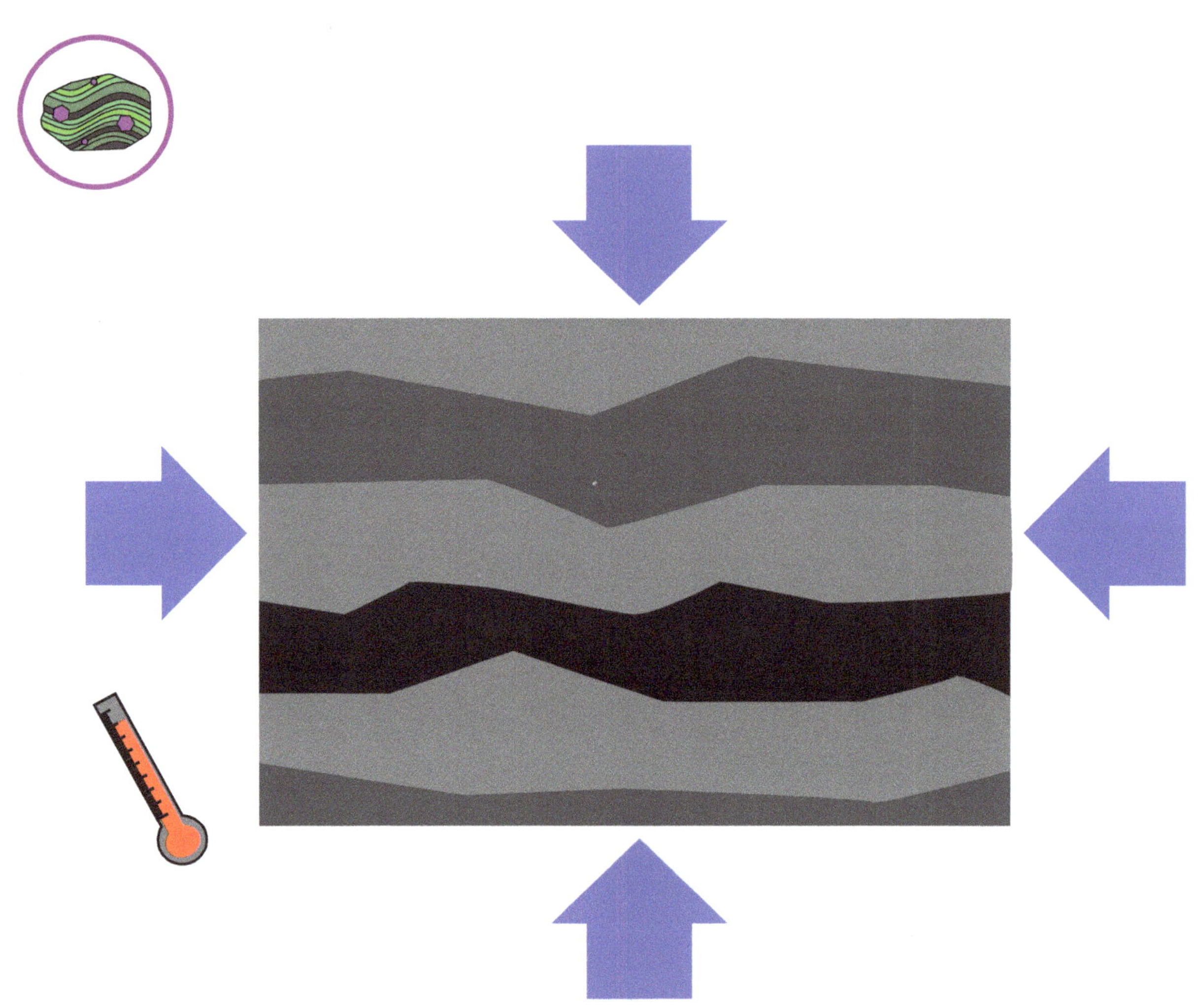

Нагрев и высокое давление меняют состав минералов и консистенцию скал.

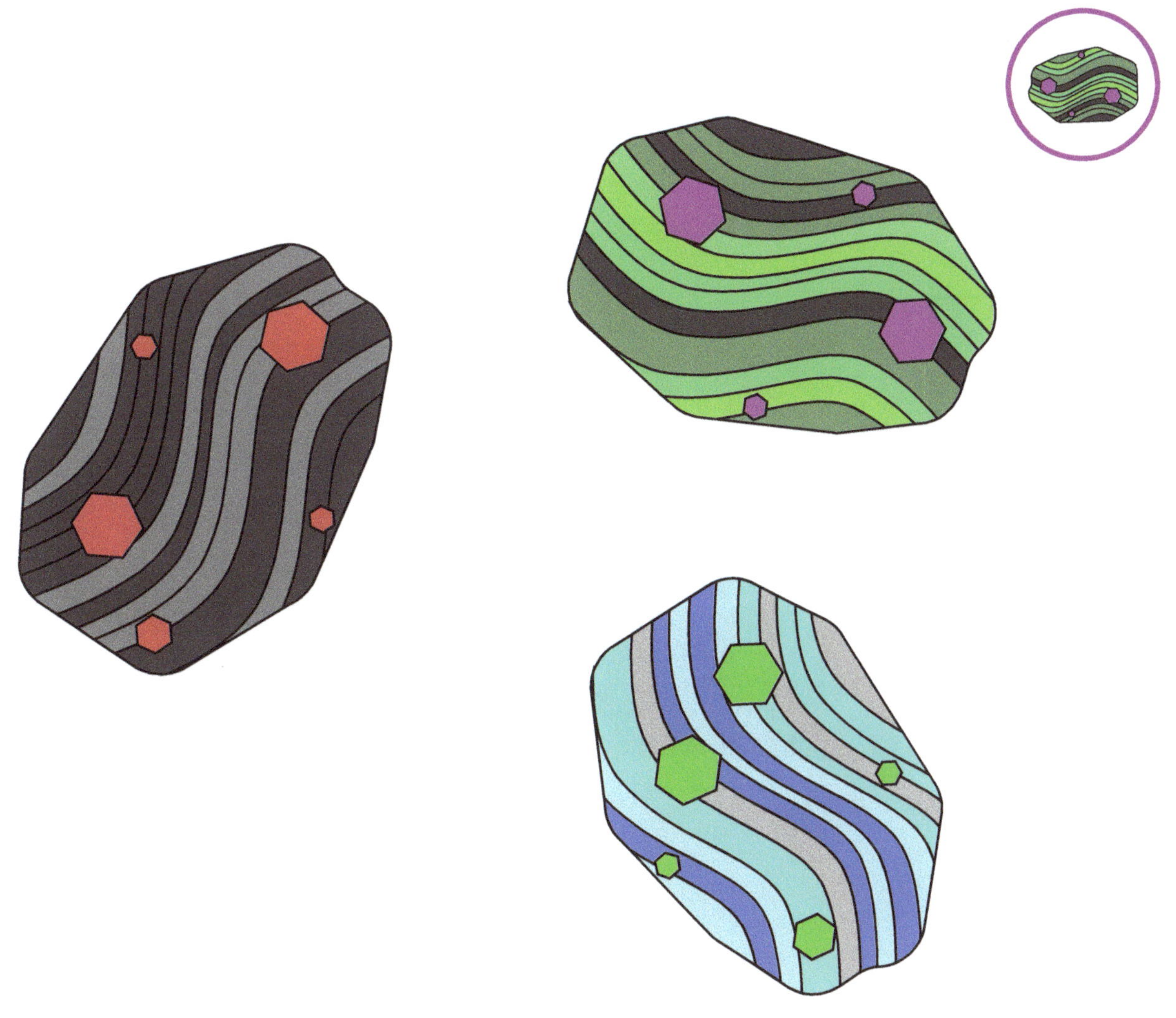

Так возникают метаморфические породы!

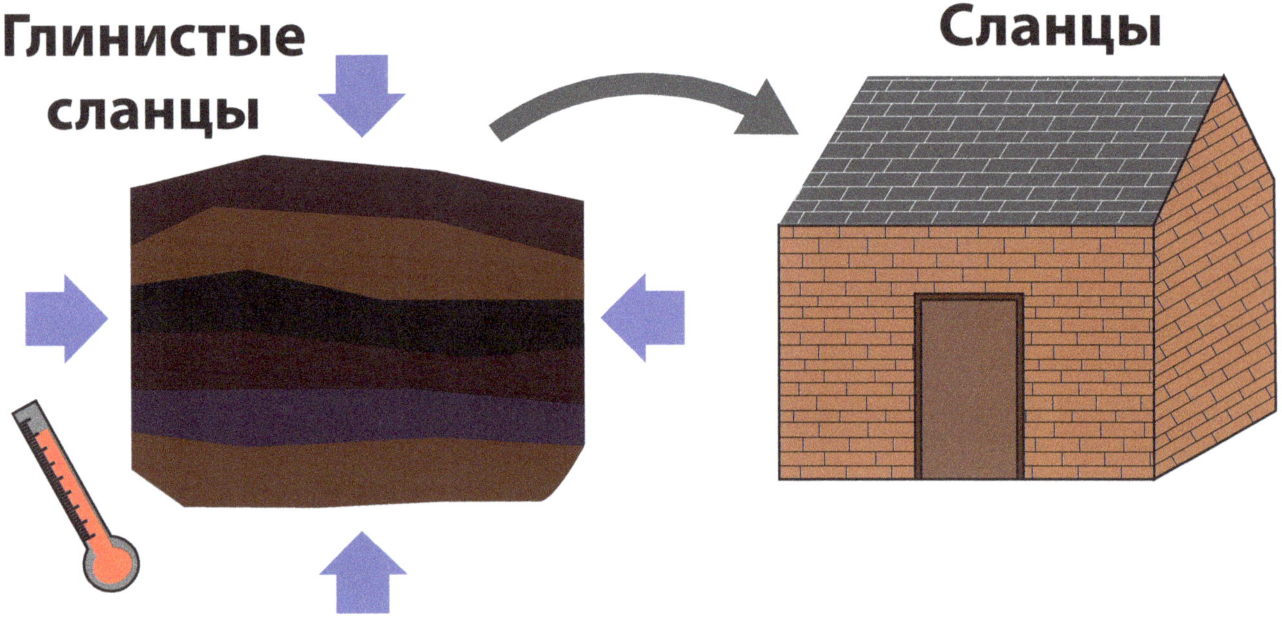

Так возникают сланцы, используемые для покрытия крыш!

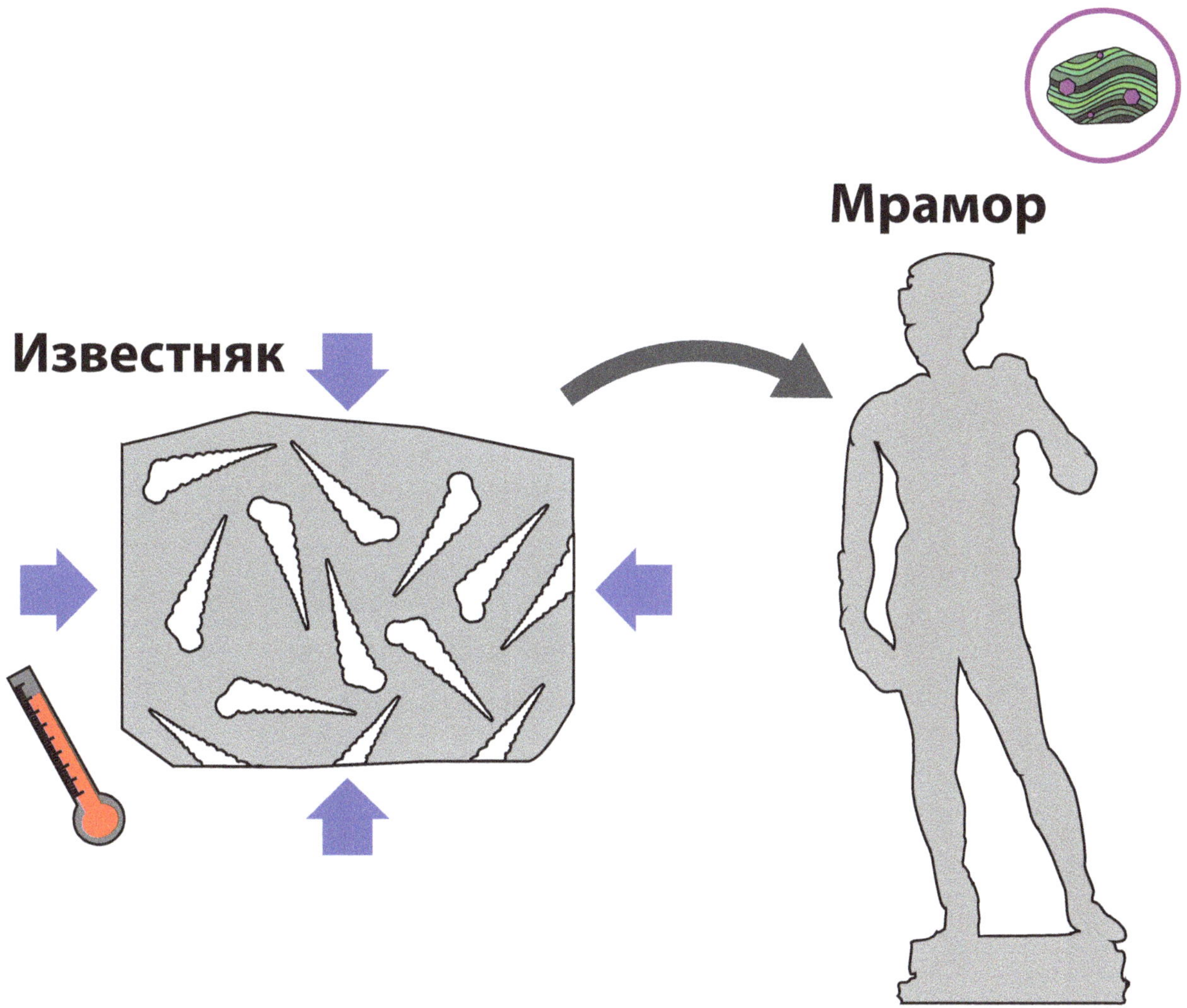

Так возник и мрамор, используемый для создания скульптур и отделки дворцов!

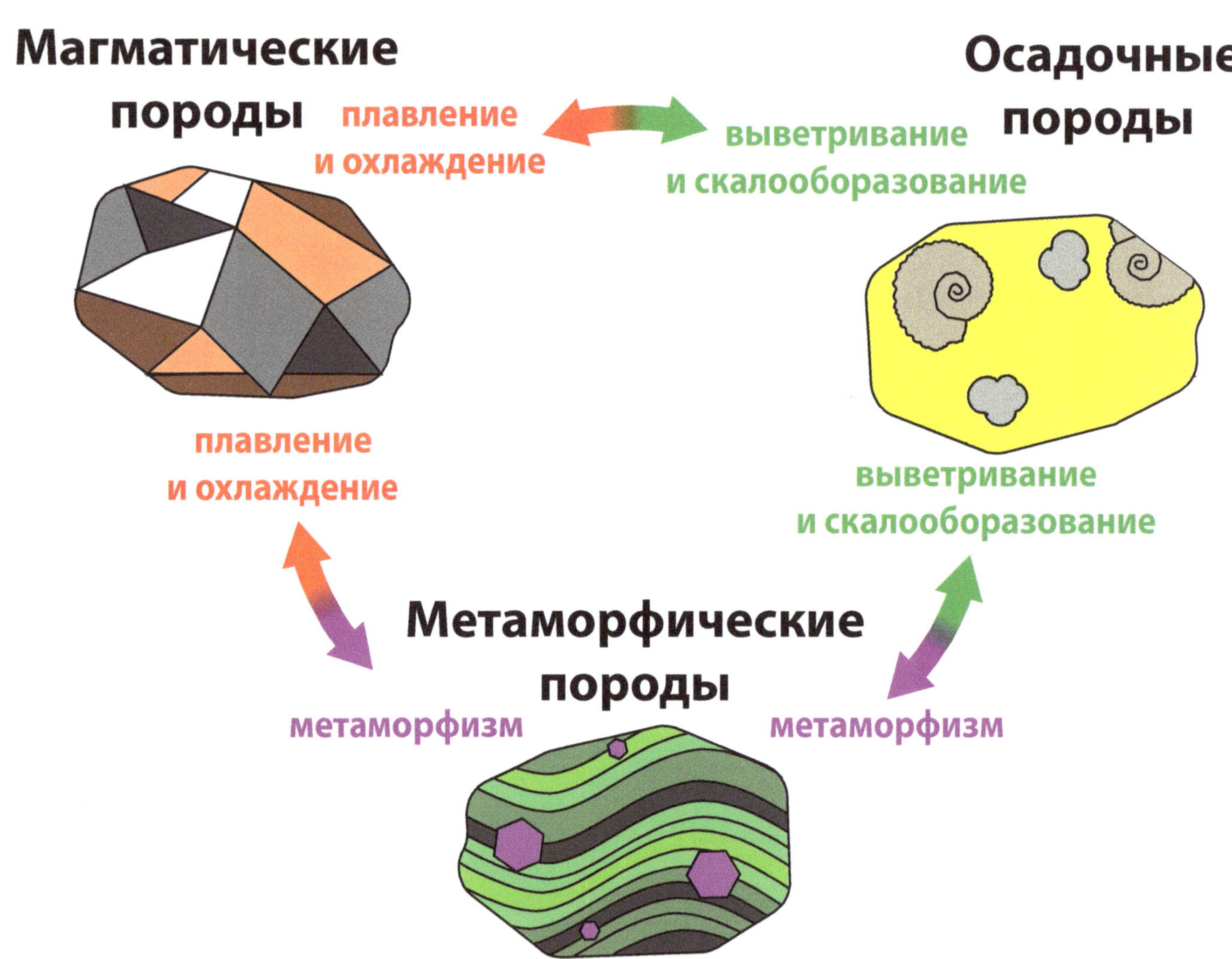

Все породы проходят этот чудодейственный кругооборот!

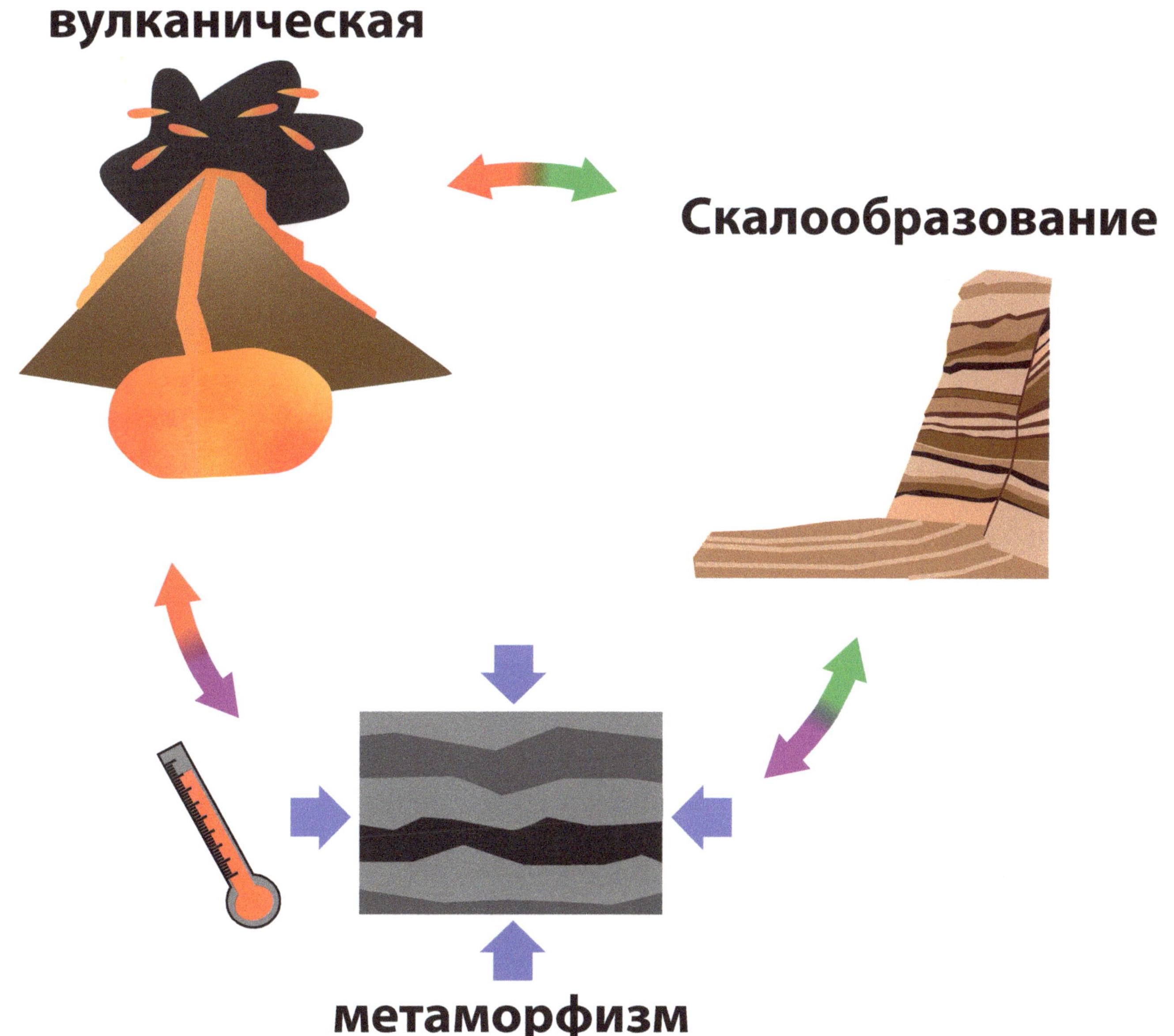

Это кругооборот горных пород!

Словарь терминов

Эрозия (erosion) - процесс распада, размельчения и растворения пород и почв, переноса результата этих явлений растительностью, дождями, ветрами, реками и ледниками.

Элемент (element) - химический материал, состоящий из одного вида атомов. Из них строятся все вещества, известные во вселенной. Магний, кислород и кремний – это примеры распространённых элементов, создающих оболочку земного шара

Лава (lava) - расплавленная порода (магма) при температуре от 700-1200 градусов Цельсия, вырывающаяся на поверхность.

Магма (magma) - скала, расплавленная при температуре 700-1200 градусов Цельсия, до то, как она вырвалась на поверхность.

Магматические скалы (magmatic rocks) - скалы, образовавшиеся в результате затвердевания магмы и лавы при охлаждении. Гранит, габбро и базальт- примеры магматических пород.

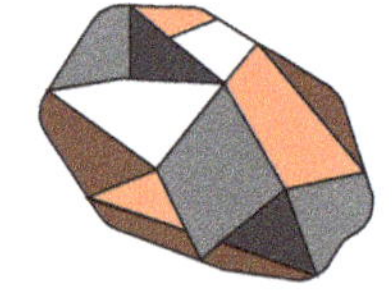

Метаморфизм (metamorphism) - изменение, претерпеваемое минералами в скале, и изменения в консистенции скалы (сочетание минералов) в результате воздействия жары, высокого давления, не доводящих, однако, до плавления.

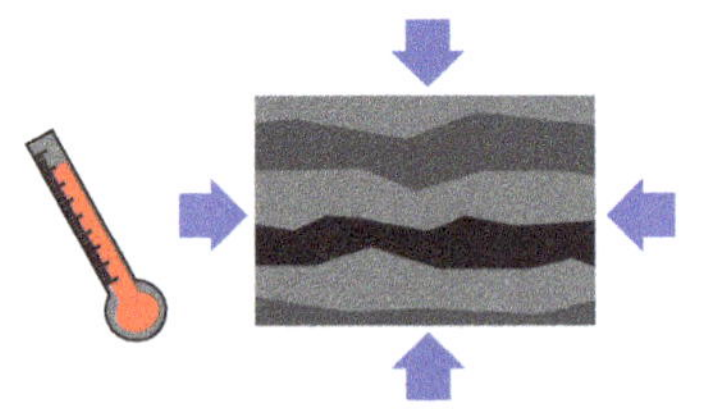

Метаморфические горные породы (metamorphic rocks) - скалы, образовавшиеся в процессе метаморфизма как реакция на высокие температуры и давление. В процессе метаморфизма в породе возникают новые минералы за счёт тех, что были в материнской породе. Мрамор (marble) и сланец (slate) примеры метаморфических пород.

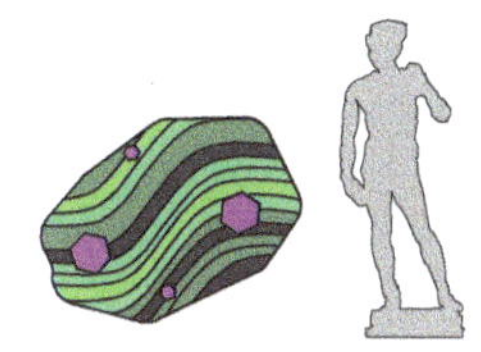

Минерал (mineral) - твёрдый природный материал, состоящий из известных химических составляющих, имеющий чёткую кристаллическую структуру. Кальцит, арагонит, гранат и кварц – это примеры минералов.

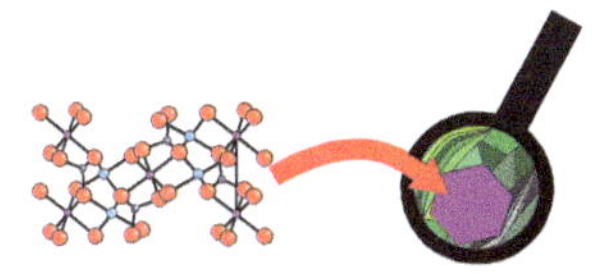

Наносы (sediments) – осколки скал, почва и окаменелости, возникающие в процессе эрозии и переносимые ветром, водой и льдом. Песок и глина-примеры наносов, которые превратятся в процессе скалообразования в песчаный камень и сланцы.

Окаменелость (fossil) - любой остаток или сохранившийся фрагмент существ, живших в прошлом. Кости, раковины, отпечатки ног (следы), клочья шерсти и древесные окаменелости- всё это примеры окаменелостей.

Осадочные породы (sedimentary rocks) - скалы, которые образовались в процессе скалообразования наносов. Состав и текстура осадочных пород зависят от окружающей среды и от наносов, приведших к их образованию. Известняк (limestone) , доломиты (dolostone) , кремень (chert) и песчаник это примеры осадочных пород.

Скала (rock) - твёрдый конгломерат минералов или пород. Гранит, известняк и сланцы- примеры видов скал.

Скалообразование (lithification) - процесс сбивания пород (наносы) в скалы в результате наслоения и сдавливания, обезвоживания и оседания известковых материалов.

www.ingramcontent.com/pod-product-compliance
Lightning Source LLC
Chambersburg PA
CBHW040158110726
48005CB00018B/2811